15 '00

A-DIOSES

Sonia Solarte Orejuela

A-DIOSES

 Ondina Ediciones

Ondina Ediciones

© Texto: Sonia Solarte Orejuela

© Prólogo: Henry Posada

© Edición: Ondina Ediciones

ISBN: 979-13-991443-1-4

Depósito legal: M-1708-2026

Primera edición: enero de 2026

Facebook: **Ondinaediciones**

Instagram: **@ondinaediciones**

www.ondinaediciones.com

info@ondinaediciones.com

Impreso en España

PRÓLOGO

EL OCULTO TESORO
Henry Posada

Me ocurre con este libro A-Dioses, lo mismo que con aquellos memorables poemas de Fina García Marruz: cuando uno lo cierra está inundado por la convicción no sólo de haber asistido a un acontecimiento literario de primera magnitud sino- y esto es, quién lo duda, mucho más inusual que lo primero- de haber tocado con los dedos una extraña, milagrosa y reveladora luz por todo lo que concierne al amor, evocándonos rostros de la persona amada, las caricias que encienden la noche, las ausencias que aprenden a nombrarse en el idioma mudo de la espera.Sonia Solarte Orejuela es fiel a los abrazos espasmódicos, a la liturgia donde el espíritu se convierte en carne. Su única preocupación es ser fiel al gesto de amor que nos hace entender la vida de los demás como el mismo fluir ambiguo y no siempre comprensible que es a veces nuestra propia vida. Esa es la cualidad del amor, sentir el vacío del otro, atender a sus razones, responsabilizarse de él, trascenderlo.

" He muerto muchas veces / he cruzado mi destino con voces ininteligibles / rodado entre multitudes seniles / gritando contra la avaricia del tiempo / y...puedes creerlo? / Tu imagen proyectada en mi herida / prometía una libertad sin cuerpo / justo cuando un vacío hondo, / sin vida, extendía su puñal".

Uno está tentado de pensar que estos poemas se escribieron no solo en los años que Sonia Solarte Orejuela se tomó para su composición textual, sino en la memoria de su corazón durante numerosos años en que convocaba lejanos y vívidos estremecimientos con fe en deshilvanar el tejido de los adioses.

"Trasiego cada día / con los pinchazos de la muerte / No sé qué hacer con las cartas / que sobreviven tu destierro / no tienen caducidad como las caricias..."

Si es verdad que un poeta propone ante todo una forma de mirar el mundo, cualquier lector encontrará en la poesía de Sonia Solarte Orejuela, abundantes pistas para ir sospechando el ángulo de visión desde el que escribe. Indagar en esa óptica particular supone la primera y más urgente aproximación a su poética, un rastreo que en A-Dioses nos depara jugosas revelaciones.

"Acabaremos congeniando con todo lo perverso / o limitando nuestro encuentro a llamadas en el aire, / a frases partidas? No quiero. / Las noches se repiten y tú sin fuerza, sin fuego, / empeñado en pagar una condena que te ciega la sangre / y te envuelve en sus mantos de extinción".

Sonia Solarte Orejuela, cree con fervor que a través del amor la vida nos enfrenta desnuda al mayor y quizá más sagrado de sus misterios. Su poesía puede verse como la propuesta de un dinamismo que sabe extraerle símbolos al corpus amoroso, "al hecho mágico de que uno y uno sean dos en contra de la primera condena de la vida" como lo llamó Pedro Salinas. Es también una profunda indagación de la liturgia en la que se entrelazan dos cuerpos; esa cruz de la que pendemos como Prometeos imaginando el fuego de los reencuentros, las veladuras que nos sitúan al borde del enigma cuando los mediodías arden. La dialéctica que subyace en su voz nos enfrenta al misterio de la comunión amorosa, para lo que Sonia Solarte Orejuela insiste en ofrecernos abundantes lecciones de perspectiva poética: puesto que una luz huidiza agudiza nuestra visión, proyectemos una luz huidiza también en la escritura.

A-Dioses de Sonia Solarte Orejuela, es una obra de depurada técnica en la cual la poeta muestra un amplio y flexible manejo de un español cosmopolita. Su gran destreza para llevarnos por los territorios del amor pasional nos conduce en vértigo por cuatro pasajes donde Amor nos habita con sus diversas epifanías, deslumbres y desgarramientos.

I

LA CUNA DEL EXILIO

"...No supe aquella tarde
que cuando yo decía adiós tú decías muerte..."

Rosario Castellanos

1.

Siglos de porfiada labranza

ruinas de trasegares impuros

gritos encerados por vientos gélidos

copiosas manchas de sangre embadurnadas

sobre los destellos de fenecidos crepúsculos:

entre una muchedumbre de apagados latidos

diviso los trazos de siluetas asiladas

en las ruinosas baldosas de las quimeras

La sal amarga de la memoria

vaticina su última excrecencia

2.

Banderas se izan y agitan
en torno a una utopía llamada paz
Se escurren entre huérfanos espejos
momias que perdieron su brillo
defendiendo consignas dictadas
por tiranías importadas
Una turba violenta descubre
estertores de la muerte
en ignominiosos archivos
Cuadros obscenos exhiben redes
que trafican con prendas sin valor
Rostros aferrados a credos falaces
aplauden el cortejo
El viento barre con su escoba
antiguas visiones de vates ciegos
destierra las máscaras que excusan tu silencio

3.

Invade la hora el fastidio de un tormento

Un relámpago ilumina tras las ventanas

vestigios de falsas cofradías

Entre las venas del sentir

se escurre el vinagre del recuerdo

Una maleza plástica cubre las ruinas del lecho

donde descubriste tu hombría

confisca la validez de promesas pactadas

bajo el clamor del fuego de la pasión

4.

Un agrio perfume empaña
el aroma natural de las cosas
Sueños zurcen los hilos de la realidad
Ojos renegridos por el humo
escampan con domesticado vuelo
en cada objeto a la intemperie
Hay muletas para corazones inválidos
en un aquelarre de sortijas
sin compromisos impresos en su interior
El silencio de un fragor vencido
ensilla los pasos
apaga mi lumbre

5.

Me extravió la fiebre
cuando tu fuego ardió en mi cuerpo
secando cada lágrima aún no llorada
Tu aliento auguraba primaveras
después de tanto frío
Tu risa derretía el hielo de las horas
inundaba de gozo todos mis abismos
Asilé tu anhelo en mi interior
cuando vagaba en tus desiertos
Apostillaste mis cuitas ya sanadas
en el tablero de las huellas felices
mientras gustabas frutos que labré
en campos libres de miedo

6.

Llené de caricias tus rincones

de esencias lúbricas tu carne

de vuelos tu conciencia

aún apegada a compases extintos

Te nombré cada día al despertar

con acentos que fundaban

un ámbito alado a tu alrededor

Levantada en vilo

por el poder de la pasión

hechizada mi fuerza

por el calor de tus manos

tus abrazos despeñaban

los rastros de todas las condenas

7.

Soy la mujer que pobló de inmensidades
las vacías habitaciones de tus horas
el subterfugio que encontraste
para destrozar sin remordimientos
las vendas del pasado que ocultabas
Vano fue intentar tender un puente
entre mi anhelo de ti y tu orgullo
vano negar mi deseo de congraciarme con tus lunas
Conquistarías un mundo del tamaño de tu ambición
suplirías con aplausos tu sed de abrazos
coronarías tus fantasmas con medallas
lustrarías tu nombre en pergaminos

8.

Necedad irredenta

fervor ciego:

optaste entre la fama y el amor

por embriagarte con el licor de los aplausos

y brillar para el mundo mientras me negabas tu luz

imperturbable ante mis silencios y mis palabras

Al separarnos recogiste con prisa

los objetos de colección que más apreciabas

y desmantelaste nuestros cuartos

con la certeza de una fuga ya cumplida

Aunque difieras al nombrar mi extrañamiento

te negué el derecho a seguir portando

las llaves de mi vida

mientras apostabas tu suerte en alcanzar

la febrilidad de cimas

ajenas a nuestro edén

9.

Clavaste cruces en los espejos de mis días
Te negaste a nombrar nuestra alegría
le borraste el rostro al tambor de tus lumbres
La gracia de mis apasionados arrebatos
cesó de alquimizar el fuego de tus ojos
Anhelabas alianzas con anillos de arena
y mis campos sin cercas
para gozar los frutos de las semillas
que durante años regaste
Caída en las aceras de un escalofrío
un trueno de plata
cimbró los poros de mis sombras
apagó todos mis soles
arrasó mis oasis
traspasó las lindes bajo mis lunas
Te vislumbré asilado en otro abismo
ajeno al incendio de mis memorias

10.

Obstinados emergen
en los espejos del recuerdo
vestigios de lo que fuimos
henchidos de promesas
de un por qué de tal manera
enterramos en tierras baldías
como inútil amuleto
la joya de nuestro encantamiento
Ya no necesitas arrojar
tus fantasmas en mis hogueras
ni husmear mis pasos para no perderte
Ya no canto ni grito
en el ciego túnel de tu memoria
Sólo busco la prueba irrevocable
que cerró nuestro umbral
Fue una muerte precipitada e injusta
sin testigos ni absolución

11.

Trasiego cada día
con los pinchazos de la muerte
No sé qué hacer con las cartas
que sobreviven tu destierro
no tienen caducidad como las caricias
Guardadas en su quietud y silencio
gritan y revuelcan el pasado
como incómodas testigas
de promesas no cumplidas
del tesoro que no alcanzó a llenar
los cofres de tu ambición
Cuando arrecia la nostalgia
rescato los retratos de nuestro idilio
con íntimos arreboles
plenos de latidos y ternuras
como astillas luminosas de nuestros deslumbres
Los expongo sin llorar aunque en duelo
en mi galería de idilios consumados

12.

Tu nombre no acaba de extinguir
su poder para encender mi sangre
¿Cuándo cesará el luto de apagar
cada palabra ahogada en llanto?
El ídolo que amamanté en mi edén efímero
cuya devoción juré perduraría
muere sin asistencia en el destierro de mis lunas
bajo un sol que derrite los cristales

13.

Vientos huracanados arrasan mis márgenes

La soledad abate todas mis defensas

cava túneles profundos

en la tierra que aguarda tus riegos

Es áspera la indolencia

con que cierno las arenas del recuerdo

torvos los ladridos

con que apaciguo mis torrentes

No espero más a que cumplas

las promesas que olvidaste

El viento mece brioso

la cuna de mis ternuras

en el exilio clandestino de tus brazos

14.

Sufraga mi andar tras tu destello
Un día en cualquier rincón
se esfumará el tufillo de tu adiós
y abandonaré los enjambres de la nostalgia
En quiméricas cimas de arreboles tardíos
habitaré el silencio que sin pago
me ofrenda tu ausencia
Seguiré desalojando tu recuerdo
secando sus raíces
arrancando una a una sus hojas
apagando sus lunas y estrellas
quitándole el filo a sus cuchillos
amargando el dulce sabor de sus frutos
Seguiré en mi labor de sepulturera
hasta enterrar todo el dolor
aunque me cueste
la vida entera

II

A ESPALDAS DEL TIEMPO

"… ¿Sabes lo que eres de mí?
¿Sabes tú el nombre?..."

Pedro Salinas

PRELUDIO

Encendido con leña sagrada
el fogón de la memoria
cada noche se alza más alta
y quema más adentro
la llama que enciende los espejos:
¡Riego de luz, aliento divino!

Preñada con semillas de auroras
te regalo el misterio de mis cantos
de hembra joven en mujer devenida
¡Muérdeme el aliento
inyecta en tu sangre
el fragor de sus cauces!
Asiste al parto de mis lumbres
en la cumbre de tus espejos
Entrégate al vuelo de mis aves jubilosas

¡Asila en mi ternura
tus íntimos anhelos

arráigate en mi vientre
entrañado con la esperma
de horas devenidas en jubiloso arrobo!
Asómate al balcón de tus pasiones
e iza en tu corazón la bandera de Amor

¡Bajo el regazo de la noche
embebes mis lunas
seduces dulcísimo mis pétalos
colmas de besos los labios
partes mi llama en dos!
. Nací para gozar en ti mis fiebres

Fundida al ritmo de tu palpitar en mis entrañas
en la cofradía festiva de tu abrazo
asciendo y desciendo
los toboganes de la pasión
invento nuevas formas de volar
en fuentes de orgásmicas cumbres
Sembrado en mis humedades
¡con qué furor ruge tu aliento
cuánto fulgor destella tu mirada!

Venido a anclar en mis abismos
doblegado por ajenas intemperies
tiembla la tierra alrededor
y nuevas fuentes brotan en mi vientre
ahora en fuego florecido

¡Soléame los sentidos
hierve en la lumbre de mi abrazo
envuélveme en tu ardor de hombre!
Llueve en mí y anega mis laderas
Tiemblo yacida en arreboles de fragancias íntimas
embebida en oquedades de marítimos crepúsculos
Tu perfume aroma las estancias agrestes de mi piel

No quiero un horizonte
sin campanas de fiesta
que te cieguen mis velos
agobien mis muertes
o te abatan mis pesares
¡Embebe mis aguas, cálmalas!
Agitadas pintan naufragios en mi cama
plantan cruces a tu recuerdo
y se tornan amargas

INTERLUDIO

¡Que cese tu miedo a ser hombre encelado
con los pasos enraizados en las huellas de mis velos
en el firmamento claro-oscuro de mi fuente
con los labios sedientos bebiendo mi maná!

Esta hora sigue siendo un parpadeo
Apegados a las cláusulas del miedo
se desmienten los acuerdos
y quedan sin cumplirse los votos consentidos
frente al altar donde se ofician
las sagradas alianzas del alma

Fortalecidos los ritmos íntimos
encendidas las velas de mi conciencia
en los umbrales de mi sangre
recordaré y escribiré los cantos
que escucho cuando duermo
y olvido al despertar

Aunque huracanes abatan las carpas
y revuelquen las colchas tendidas del exilio
no se quebrará mi voz ni calcinarán rayos ciegos

las huellas de tu andar en mis entrañas
Te ofrezco deshabitar los salones
donde atempera el miedo

Aprendí a imprecar al viento
a rugir como mar en tus vertientes
a galopar con fiebre
desnuda arraigada a tus torrentes
Tatué lenta con la aguja de mis besos
cada fibra de tu cuerpo
Amansé el grito que sofocaba
las dulces melodías de tu corazón
Conquisté los territorios baldíos de tus sueños

No comprendías las señales
que hurgaban tus misterios
y ordenaban mis ausencias
Malentendías mi alfabeto de hiedra

En tierras de remembranzas
tus fantasmas descorrían a deshora el velo
revelaban los frutos amargos del pasado
maduros en tus ramas
El aire olía a humo y sangre

Te ofrecí deshabitar los salones
donde atempera el dolor

asilarte en mi vida en una cima
a salvo de los huracanes de la memoria
ahogar el miedo en mis espejos
Tu sonrisa iluminaba
las desiertas calles de mis noches

Nómada en el desorden de mis raíces
abierta la ruta de la travesía
pactada en tus abismos
encalló mi marea
en tu puerto sin banderas

Medimos los grados de nuestra pasión
prometiendo no volver nunca
en ninguna otra estación
a dejar de respirar el mismo aire
ni de saciar en la misma fuente
la eterna sed del alma

Las aves mensajeras de Amor
migraron del horizonte donde aguardaba
perfumada con el incienso de las estrellas
vestida con hilos de luna y sol
tus señales de lumbre amanecida

He venido a fundar contigo los oasis para tus memorias
a llenar con mis cantos la vasija sin fondo de tu soledad

Temo que mi prisa por remendar nuestro pasado
deshilvane las trenzas de tus ilusiones
y convierta la escarcha de la espera
en polvo de tormentas

Entre nosotros el silencio se yergue
como un muro insalvable
Me pregunto qué punto no bordé
en el tejido de ternuras
cuál palabra pronuncié a destiempo
cuál nube no corrí en tu cielo
cuál maleza crece entre los rieles
de nuestras memorias

Sin más testigos para mi sed
que las secas fuentes de un espejismo
sin más pan para mi hambre
que el duro cáliz de la soledad
desde esta frontera del mundo
arrojo en los volcanes del perdón
las violentas cargas del pasado
y los mantos que cubren mi inocencia

POSTLUDIO

Bajo las escaleras del tedio
en pasajes secretos
convivo con efímeras agonías
trafico insomne con amuletos sin poder

Eres punto de partida y límite
pura sustancia inhabitable
Erguida sobre el primer escalofrío de la primavera
escucho aullar tu flaqueza
¡Pobre heredad quimérica!

Pierde sentido el devenir cansado de los instantes
el trajinar los desvelos cotidianos
detenerme a enhebrar la aguja de los consuelos
participar sonámbula en una procesión de lunas enlutadas

No te embelesan más mis cantos de sirena
para escampar en sus melodías
el fragor de algún tormento inconfesable
Jamás salva el actuar a ciegas
de responder por las heridas infringidas

Relampaguean visiones sin cuna
como semillas sembradas
en la vigilia del deseo
huérfanas buscando enraizarse
en las sombras de los nombres

No existe un lugar donde posar el dolor
no habitado por tu ausencia
Mi poder se deshace en trozos
de fatigas despeñadas
en el abismo de tu indiferencia

Mi destreza en apagar los incendios del corazón
no alcanza a sofocar en mi cuerpo
los estragos de una pasión que consume en su fuego
todas mis memorias

El áspero calor de las cosas
tu desnudez sin asilo en mis brazos
el sofocado bostezo de las horas quietas
la fragmentada vastedad de un horizonte calcinante:
todo cuanto alcanza a abarcar la mirada
en una lasitud que me condena
a no dar ni un paso hacia tus orillas
y a atar más fuerte aún los nudos del adiós

Desterrada de tu amor
cerrados los espacios de acceso a tus latidos
confino mis preguntas a lugares resguardados
por mis propias mansas fieras
Desmiento las visiones que te ofrecí cantando
No gravito más tras los muros del pasado
para evitar los roces de tu aliento con mi mundo

Mis lágrimas inundan los campos
que reforesté para tus huellas
en los desiertos de mi historia
Son tan cortos los lazos del amor
y tan largos sus designios…

Abastecida de solemnidades sin altar
navego sobre inciertos mares
sin brújula ni salvavidas
con el manto de mis sentimientos rasgado
por la crudeza de una intemperie sin nombre

Construyo otras rutas para mis pasos
cansados ya de resbalar en tus témpanos
Sé que sobre esta tierra
en el instante preciso
caeré cantando
sobre el polvo de dios

III
CONSAGRACIÓN DEL RETORNO

"...Porque desde el principio me estabas destinado
era mi soledad un tránsito sombrío
y un ímpetu de fiebre inconsolable..."

Rosario castellanos

1. Al abrigo de la oscuridad

Un frío de otras alturas
se refugia bajo escaleras ruinosas
Gérmenes de una ira sin voz
brotan al abrigo de la oscuridad

Huérfano mi grito imprime en la sangre
la esclavitud de un nombre
embalsama en su fragor
a una esfinge en penuria

Transito los ámbitos de la rutina
La aurora enciende su esmeralda en mis ojos
Inquieto el corazón apremia
otros desenlaces para sus rigores

No invoques el adiós
si el fragor de mi aliento descongela
el hielo de la coraza que te asfixia
Recuerda: no hay clemencia en el olvido

Te ofrezco el diáfano calor de mi sangre
ampara tu soledad bajo sus mantos

Impide que la pálida materia del rencor
derrame su hedor a nuestro alrededor

Desando memorias en mi cuerpo y ciñen
ahogan el pulso de mis rutinas
mientras aprendo a sostenerme
sobre el filo del instante

¿Qué queda de lo que fue
la razón más profunda del viaje
qué de correr a ciegas
tras la cometa suelta del amor?:
un hilo temblando entre mis manos

¿Soy heralda de ruinas
máscara sin cuerpo en tus desvelos?
Ahonda la herida el puñal de mi fuga
cuando quise salvarme de perecer
aferrada a un latido ciego

2. La cuna del pasado

Con tanta fijeza no necesitas del luto
para dolerte en mis ojos
Si te notas distinto a ti mismo
a la sombra de los pasos dados
conjúrate a retornar sin miedo
En mis entrañas renacen
las raíces de Amor
que insisten en florecer

¿Existe un hogar para todos los anhelos
o algunos navegan al azar
entre los puertos de la memoria
sin hallar muelle?
Desalojado de la tierra en llamas de mi cuerpo
entre tus rastros soy el símbolo de un abandono
que inerme aún respira

Insondable cual mar
atrapado en un rito de encuentros y fugas
en la liturgia de los adioses
resentido meces tus sueños en la cuna del pasado
te enpañalas con los velos del recuerdo
frente al espejo de tus temores

¿Existe una cima para tus fugas
o escarpas solo al pie de los abismos?

Este cielo nos pertenece
aunque no sepamos leerle sin llorar
sin escurrirnos entre su gris de espanto
Deseo tu sed más que tus fuentes
Soy igual a mi renuncia

Aunque el hielo de tu mirada
congele las rosas que brotan
en el jardín de la pasión
las olas de mi amor te arrastrarán
hacia la ventura de un gozo inefable
sólo descifrado en tus noches más quietas

Echada sobre las arenas del tiempo
te convoco como antaño las sirenas
a náufragos arraigados a la intemperie
Te sueño cantando al sol que vendrá

Nada interrumpe este arpegio
de colores resonantes
sobre la piel del horizonte
ningún gesto empaña
la belleza que coloniza tu mirada

3. A tientas

Mis cantos roñen murmullos
a tientas de la música de tu cuerpo
No aceptas mi retorno porque te confunde
tanta ternura liberada

Tu nostalgia es impresentable
como los argumentos que naturalizan mi delirio
Hablas desde ruinas prestadas
desde una fe que no sostiene
y tiemblo al presentir tu desierto

Tu sangre se conmociona
irritada por los conjuros de un amor
que fue sostén de tus búsquedas
inspiración de tus obras
suelo firme para arraigar
las enceguecidas estrellas de tu imaginación

Las noches se repiten y tú sin fuego
empeñado en pagar una condena que te ciega la sangre
y te envuelve con sus mantos de extinción
¿Acabaremos congeniando con todo lo perverso

o limitando nuestro encuentro a llamadas en el aire
a frases partidas?

No quiero disolverme en susurros
resignarme a morder migajas de memorias
para avivar las brasas de un deseo
que sólo tú conoces
y sabes encender en mí

Con cuentahoras he medido
la dimensión de tu ausencia
ignorando el peso del barro adherido al recuerdo
sin otro cuerpo para apaciguar la sed del alma

Temo que te venza
el fuego de mi pasión contenida
al reanimar los fantasmas de tu carne
¡Es tarde para amparar el dolor
al acecho de cuchillos invisibles!

Es difícil excusar a la estrella que no brilla
Si bastara con haber congelado el tiempo
desde la partida y mirarnos sin herirnos
con dejar que el silencio nos abrace
pero demasiada vanidad está en juego
entre los argumentos de cualquier demostración
Las sombras del orgullo disuelven las certezas

Quizá aún sientas nostalgia por el latido incierto
de otras tempestades en tu piel
¿Acaso te entregaste como yo
a las caricias de otras manos
y luchaste indefenso por ser fiel
a los encantos de nuestras noches de jauría
ebrios bajo el influjo de lunas antiguas?

Te escabulles en un mundo ajeno a mi latido
tan ausente como las flores de la primera primavera
Contemplas un punto en el vacío de un espejo
donde no me reflejo

Escudados por ángeles en celo
fundé en ti para resguardarnos del miedo
un paraíso sin culpas originales ni castigos
Tu quietud terminará socavando
las espinas que celosa enguanto
para no rasgarte con el filo apagado de un deseo

Me enajena tu extravío
Vacilas ante el arribo de mis corrientes
ancladas en las oceánicas profundidades
de mi deseo de amarte

Mientras cierres el nido de tu pasión
con candados vedados a mi ternura

sucumbirán las alas vacilantes del regreso
abandonadas a su suerte

Hay tanto sol y aire para florecer la vida
y tú arrastrado por ríos
de pensamientos abrumadores
apoyado en una escalera falsa
desbordado de cansancio hasta ahogarte
en sus oscuras arenas

Compongo una canción sin agonías
para resistir tu verdadero rostro
Deseo recibir tu luz
con las ventanas de mi piel abiertas
Me urge sentir el peso de tu frente
sobre la almohada de mis senos

Eres el universo que ampara
mi frágil certidumbre
Déjate venir
Toda la tierra de mi cuerpo
te espera
y quiero la siembra

Te obsequio mi sombra desteñida
mis pies descalzos veteados
por el polvo oscuro de la noche

el río de mi sangre tensa

la redonda baraja del tiempo

Me afirmo en el mundo verde de la madrugada

4. La lámpara de los milagros

Irrumpí en tu vida con encarnecida ternura
y despertaron tus fantasmas
Cifré en tu rostro el alborozo por recibir
la luz de cada nuevo día
Trasplanté mis raíces a la patria húmeda de tus besos
a la deriva de la mágica logaritmia de tu risa

Me refugié allí con el anhelo de retener
la huella del perfume de tu aliento
aunque como tú abierta a los devaneos del sentir
hurgara la profundidad de mi sed en otras fuentes

Me presenté como si no hubiera
recorrido todo el camino y aguantado
cada zarpazo del reloj sólo para encontrarte
como si no fueras el ángel guardián de mis delirios
como si ignorara nuestra cita

Mi corazón encendido
con la lámpara de los milagros
empezó a flotar sobre el abismo
a emerger del dolor

Enraicé a tu presencia mi pasión de vivir
y negué la validez de cualquier penuria

Víctima y verdugo de costumbres que clasifican
las pasiones de amor con una moral basada
en la compraventa de los tesoros del espíritu
llegué a ti sumergida en el pozo de mi propio hastío
envuelta en el rasgado manto de mi pasado
enlutada y ebria de espanto
queriendo tu abrazo a toda costa
para salvarme del abismo
al cual no cesaba de descender
arrastrada por unas ganas insaciadas de morir

Fiera antes acorralada me amansó tu risa
Me convertí en la flor más amada en tu jardín
Y te oculté mis espinas
Era un desafío enfrentar tu temor
a entregar en mi regazo
las armas que te resguardaban de enseñar
tu inmensa necesidad de ternura

Enlacé el aliento de las huellas de nuestros derrumbes
con el aire invencible de las comuniones inmortales
Maduré en la entrega sin preguntar por el mañana
Y preñaste mi anhelo con tu redil de mar
como un rayo estallaste entre mis estancias agrestes

Fui en ultramar el ave migratoria
que te instaba a arriesgarte
a volar más arriba de las cimas más lejanas
Te ofrecí como respaldo mi puerto
amenazado por el influjo de otras vertientes

En tu corazón tatué mis iniciales
para jugar a ser eternos
¿Qué más sol que tu sol sobre mi frente?
Restos de cenizas dibujaban
una elipsis en el aire
contra el viento del mañana

5. La voz de otros crepúsculos

En la ciudad construimos entre el fragor del miedo
un albergue para el ardor de nuestros cuerpos
Nos avasallaba el brío de tanta plenitud
Cantaba y al escucharme me amabas y temías
por arrojarte a la hoguera de mi dolor
e invitarte a la fuga de las trincheras cotidianas

Al verme danzar poseída
por un misterio indescifrable
colonicé tus sentidos indefensos
ante la fiebre de mi ritmo pertinaz

Sumado sin reservas al sudor aglomerante
de cuerpos ajenos a tu lumbre
satisfacías tu vanidad
empañada con mentiras piadosas

Te rodeabas entonces de falsos agoreros
de pitonisas obtusas que inventaban para ti
el rigor de nuevas fugas
obligándote a levantar la mirada
justo al borde de la más profunda oquedad:
la que preña con olas ciegas

Al enfrentar los rostros que habitaban tu noche
recibías con sonrisas prestadas
golpes y mimos en la vía
En vano te esforzabas en crear
un personaje de fábula en el que pudieras creer
No podías desmentir las imprecaciones
de los fantasmas que habitaban tu asfixia

Fundabas tu desarraigo
entre prófugos de las pasiones y el dolor
congeniando sus vanas aventuras
con rituales hurtados a tu intimidad
sin siquiera pestañear o dudar
de la realidad de tanta ilusión
¿Pues acaso no estaba dado el devenir?

No censuré tu ceguera ni pacté
con el influjo de las corrientes aciagas
que maniataban tu destino
y desbordaban en su caudal
tus propósitos más sinceros
por inventarte otros caminos
Impaciente por beber la leche de tu sangre enamorada
armé tu cuerpo con la espada victoriosa del verdugo

¿Asilarte... cuando probé todas mis fuerzas
aún las más innobles?

Herido por el deseo inagotable
de beber la sal de mis ojos
dejaste de apostar a resolver
otros problemas sustanciales

Golpe o furia me llamabas cuando poseída mi piel
como arena embebida en mar
sentías la perfección de mi arraigo
en cada latido de tu cuerpo
Te inhibían mis profundidades

Aunque no sabías escribir mi nombre sin temblar
ni querías respirar más aire
que el que alimentaba mi vida
interponías entre nosotros
el calor de otras ansias
el ardor de otras caricias
los colores de otros crepúsculos
como limosnas sin valor

Orillado las corrientes del mundo te ofrecían
ser cómplice de su despojamiento
entregar a otros anhelos tu desamparo
poblar con nuevos fantasmas
las tierras baldías del espejo
tentado por revolcar en otras tormentas
la piel del sueño

6. Juegos de niños

Quieta en la orilla donde encanecían mis pasos
susurraba a solas los versos escritos para tus oídos
Refugiado con tus fantasmas te costaba remontar tus cimas
ser responsable de tus creaciones
no perderte en las frágiles reglas de tus propios juegos

Reapareciste en medio de un tropel de presagios
Tu presencia hizo tañer campanas antes mudas
Buscabas embriagar tu sangre con la miel de mis besos
nutrir en mi fuente otras memorias
Tú amabas con la piel pero era en mi corazón
donde había parcelado un lugar consagrado a tu presencia

Quise borrar nuestras diferencias
adjetivándote con palabras precisas
para dibujar el perfil de mis anhelos
desnudar la máscara que vestías ante el mundo
y socavar tu fe en la comodidad de tus dudas

Jugaste los juegos que inventé para ti
con una voluntad en quiebra
aferrado a los mínimos derechos

de permanecer a mi lado
En tus ojos hallé
el espejo intacto de mi orfandad

Aprendiste a contener mi rabia que amenazaba
con hacer pedazos los diques de tu indiferencia
A veces confundía el día con la noche y tú reías
entusiasmado con las coordenadas de tus actos
atado de pies y manos a un futuro incierto
Fui testigo presencial de tu abandono

Indagué dónde nacía tu cansancio
por qué ebrio hablabas de tumbas ardiendo
o de esclavitudes postreras a los besos
Respondías con el gesto perdido
vagando entre visiones espeluznantes

Cuerpos de altas sombras
trepaban peldaños en el vacío
como una procesión sombría
hacia un paraíso sin cielo
mientras uno a uno colgaban de tu cuello
los collares de la muerte

Ensimismado en pendientes innobles
te hundías en el vientre de la culpa
al tropezar en una danza infernal

con los eslabones perdidos de tu suerte

Quise menguar el sabor áspero de las horas

sin obviar el peso sobre mis hombros

de imágenes ruinosas expuestas

en los muros de la deshonra

mientras te ofrecía la fragancia de mis flores

y mis deseos en rebelión por todo lo dado

sin límites ante el asombro

Poco a poco me torné adicta a tus pausas

a tu vicio de poner el dedo justo en la llaga

7. El humo del pasado

Débil tu fe en mis caricias como escudo
frente a tu colección de espectros
boicoteaste mi premura por arrojarme de espaldas
al centro de tu mundo

Y te tornaste de piedra tú
mi manantial ya sin frutos
Enajenada en medio de la tempestad más obscena
juré liberarme de aquel sobrenatural tormento

Mientras tu día se cerraba
yo buscaba el mar
Te desbordaba mi soledad plagada de abismos
mi oscura juventud surcando
el río antiguo de tu cuerpo

Me fui despertando
despojándote del magnetismo
para soltar o enrollar la soga
que me arrastraba a tus límites
y te ubicaba en cualquier instante
en el centro de mis desvelos
o de mis escasos y casi invisibles triunfos

Hui por fatiga
El humo del pasado enceguecía mis visiones
Entre mis pupilas se posaron pájaros rojos
que insistían en una postura imposible...
¡Sus alas me atormentaron tantas noches!

Asumí el definitivo exilio de tus caricias
sin invitarte a ensayar juntos el vuelo
Te creí incapaz de soportar tanto frío
Erguida sobre la naturaleza de mis propios fracasos
obvié a ciegas el riesgo de morir

Ignoré la hegemonía de las huellas de tu fiebre
en las estancias de mi cuerpo
Asediada por el horror a mi propio vacío
caminaba sin aliento con los pies
gangrenados de cansancio

Escapé de tu forma de enhebrar
los latidos de mis visiones
de rayar con tus palabras y pinceles
los ojos de mis paredes internas
decidida a agotar en otros oficios
el aliento poderoso de la pasión

Las redes de tu amor no eran irrisorias
sino espesas y tangibles como la miel del sueño
El perfume de otro pecho abrigó mi ignorancia

8. La hiel del abandono

Refugiado en mi memoria
como una inscripción en piedra antigua
te figuraba encanecido ante otras flores
abiertas a tu dureza
El desvelo hizo carne de mis horas

Te soñaba mecido por infinitas redes de araña
La brisa palpaba tu cuerpo con dedos invisibles
En el cielo se dibujaban pájaros gigantes
que en bandada volaban a nuestro encuentro
Era inmanente el abrazo con lo sagrado
si no se desvanecían antes de fijarlos en la memoria
Les rogaba que ligaran nuestros rayos en el cielo
y construyeran un nido para escribir los borradores
de las citas de amor a las cuales no asistimos

En otros sueños me llamabas
desde un universo sin nombre
Eras el fantasma que desataba su túnica de miedo
justo al extenderle mis brazos temblorosos
Quise arrancarte como a un apego tormentoso
desencarnar tu recuerdo aunque la soledad

pesara en todo el cuerpo

tirar por la pendiente cada intención de reencuentro

Sin ti por más camino

auroras y crepúsculos

me ausenté hasta perder de vista

mi propio rastro

Ni el mar me dio sosiego

Es triste el goce de mirarte

No resisto la urgencia de hurgar

entre los hilos del naufragio

ni enfrentar el pasado como un ave sin nido

No viciaré tu aire con las crudas razones

de los condenados a malvivir

planificadas sordideces como castigo

El poder de las raíces de mi apego a tu destino

desenmalezó un espacio en mi corazón

que sólo a ti pertenece

Pretendes separar lo inseparable

para maldecir sin culpa

o llorar relámpagos de muerte

sin más testigos que mi huidizo yo

Conspiras contra inexorables urgencias

Acaso juraste no perdonar

y cobrar a un precio impagable

la hiel del abandono
¿Disfrutas defendiendo una soledad
que te apresa bajo llave
y te cubre con mantos de orfandad?

El mar con peces sedientos de mi sangre
esclavizado está por el lenguaje de tus olas
Tómame o rómpete pues no quiero
el vidrio de tus ojos
ni el resquemor de tu sangre
al estrellar contra mis espejos
la máscara de un resentimiento
que es látigo y cuchillo

Quiero tu amor sin agonías
recuperar mi inocencia en tu mirada
desnudarte ante ti mismo
reemprender el camino sin trincheras
levantadas contra el beso o el abrazo
Quiero tender mi esperanza
como una luz palpitante
sobre un trozo de cielo
nombrar sin herir
sin obedecer leyes que mutilan los gestos
y obstruyen el fluir de la sangre
descender hasta el fondo de mi desarraigo
cancelar allí la vigencia de toda orfandad

9. Preñada de ausencia

Te comparo con una torre erguida
en medio de grandes tormentas
Yo en cambio soy huracán efímero
Quiero aspirar el bosque de tu pelo
acoger tu sombra perdida
arrebatarte de tu fuga...

He muerto muchas veces
cruzado mi destino con voces ininteligibles
rodado entre multitudes seniles
gritando contra la avaricia del tiempo
y... ¿puedes creerlo?
tu imagen proyectada en mi herida
prometía una libertad sin cuerpo
justo cuando un vacío hondo
sin vida extendía su puñal

En fuga barajo las cartas del recuerdo
escarbo la raíz de las ofensas
torno visibles los nombres de cosas fantasmales
echo a rodar por una pendiente
hacia el vacío infinito
imágenes preñadas de ausencia y dolor

Extraño tu laxitud refugiado en mi piel
fundido a la naranja del crepúsculo
Ni muerta podré desterrarte de mi vida
Mi corazón te convoca a consagrar el retorno
en un vuelo libre de tus brazos extendidos
hacia las montañas abiertas de mis senos sin nieve

Quiero comprender la profundidad de tus heridas
no quedarme sin voz ante tu grito
Estoy dispuesta a cuidar como un tesoro vivo
nuestra ofrenda de alegría
Fábulas y arpegios iluminan tu sonrisa emancipada
encarnada en el instante

10. Volver

Fue inexorable el retorno cuando enfebrecida
escuché tu alarido en una noche con cielo
preñado de tormenta
Un cauce anegado de nostalgias
desbordaba el río de tus rastros
No era posible atizar el fuego de mi amor
sin arder en sus brasas

Querido: Los amantes que por miedo
no consuman su pasión
secan las fuentes del goce
cortan las alas al vuelo de la creación
hambrientos y sedientos frente a una mesa colmada
de todo el pan y el vino de la tierra
dispuestos para ellos por Ángeles de Amor

Nunca fui indiferente al clamor de tus pasos
al acercarte a mis orillas
Te propongo que descanses del lado de mis lunas
volver a embriagarnos como las primeras noches
ebrios de aurora
Mi impaciencia parece una coartada innecesaria

pero tiendo al adiós
a imponerme la búsqueda de horizontes
donde aventurar la fiebre
a ensayar nuevos ritos en profundas intemperies

Insisto en amarte
en gozar el calor de tus ojos al mirarme
recuperar la seda de tus besos
y sonriendo despertar cantando al nuevo día
Siento temor de que la tarde
estalle en granizo y hambre de tiempo
de vaciarme sin poder argumentar más
contra las sombras ni huir del silencio
que me enfrenta a la quietud de este paisaje gris

Enmudezco en una frontera extraña y gélida
Siento todos los nudos de mi carne
Triste como una palabra rota
ahogada por el peso de todos mis recuerdos
tienes razón al dudar del placer que te ofrezco
de la prisa que expreso por vivir
de mi humildad

11. La respuesta

¡Cómo nombrarte sin herirte
con palabras curtidas en mis labios!
Quiero frecuentar el murmullo de tu sangre
y oprimir contra tus senos
mi esperanza colmada de hojas verdes
Somos libres para ofrecerle otros paisajes
a los pinceles del amor
para reforestar nuestro jardín
en cada nueva aurora
Supón entonces que ante ti una encrucijada simbólica
se abre súbitamente para que la atravieses
con el corazón abierto a sus espejos
Así te quiero yo: sin castigo ni pena
presente como el pulso esquivo de la hora
gaviota sostenida en su vuelo
por las cálidas corrientes del mar de mi pasión

IV
EL PODER DE LA TRAICIÓN

1. EXHORTACIÓN

El reverso de la juventud me aguarda con su séquito de huesos y chacales. Ahondaré en su coronada morada el valor de los rechazos, mi encarnizado apego a una frugalidad indecente. Descenderé a sus abismos con la visión encendida, sostenidas mis fuerzas por ancestrales furores.

Sabio necio: en el hondo latir de las corrientes, cubierta con el espeso manto de palabras no cantadas, refugio en sombras gestos aún no nacidos, expongo en las vitrinas de la hora la impiedad de mis raíces.

Te prohibo seducir a mis fieles. Abandonan sus ruinas al seguirme para refugiarse en la fortaleza de un carácter más intenso, a salvo de extravíos en laberintos aciagos y demencias emboscadas en los acantilados del azar.

No intentes confundirlos ni redimirlos de su fe al sembrar la duda en sus corazones. Apegados a sus credos alimentan sueños prestados, rezan mientras maldicen, cubren con excrementos cualquier destello de pureza.
He dedicado décadas a cautivar sus anhelos construyéndoles un norte seguro: el cumplimiento de la más ínfima satisfacción

de mi voluntad. Soy su reina y los convocas a sublevarse contra mis designios. Ten cuidado de no envenenar el corazón de mis muñecos con el fuego del brillo de tus ojos e incendiarlos.

2. LAS RAZONES DEL AMANTE

No te ofenda mi desgano a la hora de aceptar tus cuentas. Ser vulgar es fácil, embrutecer en la ridiculez de los remordimientos, ocasionar colapsos en la carne y el espíritu de las cosas.

Lo difícil es erguirse en la perspectiva de una obra que nos arrastre en su juicio a un nuevo paraíso. ¿Cuál paraíso? -preguntas apegada al rigor de tus cadenas. Tu genio desdice y siniestra cualquier destello de pureza.

Sonámbula amparada bajo el velo de la demencia en tu gusto por las veleidades del mundo alimentas una lujuria de poder que te habilita a embarrar los espejos más díafanos con visiones de hastío. ¿Cuál perfección invocas cuando consumes a diario los somníferos de la vida?

Percibo las deformidades con que llenas tus vacíos. Ya deserté de la falsedad de los reflejos que proyectas sobre mis huellas en tu vida. Bajo la sumisión impuesta rescato mi dignidad y el valor de lo ofrendado en una época que lleva tu sello impreso en ríos de sangre.

3. DEVENIR

Más fundamental que la herida es la cicatriz que la sella en la memoria. Los ecos de un pasado que no abandona taladran mi conciencia como sonámbulos espejos de la fragilidad en la carne. Entrañas quiméricas me parieron en un desierto poblado por víboras de todas las especies. Había preparada para mí una cuna de oro mecida por los ángeles del horror. Bebí en las ubres de la soberbia la leche más amarga.

Crecí apegada a la servidumbre a mis antojos, sin prudencia atada a los rigores de mi labor: extenderme en una espiral nebulosa bajo el sol de los ancianos. No comprendía los signos que dibujaban las huellas indelebles de mi destino.

Débil para operar las claves de las ilusiones, desarraigada de un cielo del cual tampoco conservaba memoria, joven aún empecé a despreciar lo más cercano, a censurar los roces, las melodías, los colores.

Si descubrí las cumbres de la soledad asilada en el vértigo ¿qué me inculpas tú, que no padeciste desarraigo alguno aferrado al poder que le arrebataste a los monstruos de tu imaginación? ¿Me preguntaste alguna vez cuáles escalofríos fundaron mi amor por los desastres? He vivido separada de mis adversarios tan solo por celdillas de humo.

Con el filo de tu mirada clavas tu helado orgullo en mi vientre y desatas mis fiebres. Enfréntame sin intentar lastimarme ni vencerme. Que el relámpago de tu voz no incinere en mis manos las caricias que aún te aguardan!

Lo confieso: El amor nunca alentó mis méritos. Fue el fastidio. Y no me amarga la inquietud.

4. LAS DEBILIDADES DE LA REINA

Defiendo el cumplimiento de leyes que no debo acatar. ¿Acaso el pueblo obligado a obedecerme es ajeno a lo que oculto ante sus ojos, al ridículo de una majestad coronada en el teatro del poder, fundada en las bajezas de mi estirpe?

Si los hombres al derribarlos transforman la grandeza de los árboles milenarios en objetos tan débiles que ningún esfuerzo los preserva de la furia corrosiva de los elementos, ¿qué sería de mi orgullo si no apelara al uso de las armas y estrategias más innobles para conservar mi trono y mantener vigente la farsa de mis buenas intenciones cuando el pueblo ha empezado ya a desgarrar mis velos?

¿Qué puedo reprocharme? Me educaron con reglas que favorecían la adaptación de mis fuerzas y deseos a un ambiente malsano. ¿A cuál cima noble podía empeñar mis latidos en medio del rigor de unas calles pobladas por mercenarios sin ningún pudor ni toques de conciencia reflexiva ante el temor y la angustia de sus víctimas?

Fundé sobre el orgullo la bajeza de mi casta. Gané el prestigio de ser invencible. ¡Qué poca maternidad asoló el grito de las generaciones! Me sentía merecedora de las hazañas más cruentas. Cada instante me familiarizaba más con el terror y la pasión de cumplir con un deber casi sobrehumano: ajusticiar a quienes se rebelaban ante los desmanes de mi voluntad.

Al trivializar los impactos producidos por la fuerza armada que cumplía con rigor mis órdenes, ajustaba los señuelos que mordían incautos quienes aspiraban sin mayores heridas a sobrevivir los embates de mi potestad.

5. DEFENSA

Concédeme el derecho a la defensa. Jamás te impuse algo que no estuvieras de antemano dispuesta a concederme. Mi voluntad era también una misión. Si la cabeza y el corazón del monstruo mudaban de carácter y contenido quizá no fuera imperioso asesinarle o crear una revuelta cuyas consecuencias eran imprevisibles para todos.

Te ofrecí una patria en mis brazos para que apaciguaras la rabia, un territorio emocional donde pudieras desarmar tu corazón para que desistieras de inmolar más víctimas, erguida indiferente sobre el culto sombrio de tu desprecio por la vida y te interesara construir al fin una base común que satisfaciera las necesidades de quienes tanto despreciabas.

Recuerda: eran pueblos enteros los que sufrían los efectos de tus latigazos, de la insensatez de tus excesos en el uso de un poder que exigía la obediencia absoluta o la muerte.

6. LOS POETAS

Digna de la época que me consagró victimaria, compatibilicé mi propia sed de dominio con las ejecuciones extrajudiciales, la negación de los plesbicitos y hasta con las malogradas sentencias de los poetas. A propósito de éstos: Gozaban de una reputación desdichada por el modo de hablar a solas como posesos en un laberinto de cruces donde escuchan retumbar las voces vacías y los gritos de los espectros de la desgracia.

Ordené conducir a mi presencia a un par de vates famosos por el esplendor desenfrenado de sus visiones. Me irritó su ceguera: sus pupilas se sostenían en una fijeza desolada. ¿Cómo podrían ser estos miserables los ojos de un pueblo? Y si eran quienes podían rebajarles las culpas a todos, señalar su inocencia y confiarles un paraíso fementido confirmé que todas las bajezas que infligía eran pocas ante tanta necedad sin escarmiento.

Al interrogarles sobre las tareas que realizaban el más anciano respondió amenazante: "¡Parir visiones!". Otro con helada voz exclamó : "¡Practicar la verdad!". Se desató entre ellos una corriente vociferante, un reverbero de frases sobre libertad, igualdad y fraternidad. ¡Traficantes de principios!- pensé,

81

mientras contenía una explosión de rabia. Se rumoraba que eran agentes peligrosos y era mejor no exterminarlos porque donde caía uno asumían sus pasos quienes aguardaban su turno agazapados en los burdeles del delirio, como hijos de mala hierba.

Les ofrecí salones para reunirse con otros vates del infortunio a cambio de que tradujeran mi voluntad al idioma de las visiones sin interpretación alguna de su parte.

Pronto se sintieron cómodos amparados bajo el manto de mis juicios infalibles.

7. EL AMOR

¿Por qué insistía en el mismo género de órdenes, en levantar las mismas barricadas a mi alrededor? ¿Esperabas que pagara como todos el precio de la existencia en cuotas de aflicción? Sólo ante ti cedí el uso de mis prerrogativas. Abrí mis cuartos íntimos hasta entonces cerrados y salí al mundo con el esplendor de tu ternura por escudo. ¡Qué ingenua, por doquier acechaban hienas con hambre inmisericorde de castigo!

Rodeada por fuerzas armadas que sugerían las órdenes que era preciso impartir para evitar cualquier rebelión, no vislumbré hasta tu arribo la violenta dimensión de los efectos de mis decisiones y caprichos. Te empecinaste en mostrarme sus manchados espejos. Convencido creías cumplíar una misión heroica en mis territorios por la cual yo estaría por siempre en deuda contigo.

No indagues la verdadera autoría de la desvergüenza en mi historia. ¿No te deslumbró a ti justamente mi impiedad? ¿No fue mi frialdad la que te arrojó a mis brazos?
Querías un reino y viniste a buscarlo en mi regazo. Vislumbraste el camino para acceder a la cabeza del monstruo que disponía a su antojo las fichas del juego.
Te nutrirías con los jugos venenosos del poder en sus propias

fuentes. Era tu obsesión. Lo descubrí en el destello de tus ojos cuando te plantaste ante mí. ¿Y qué encontraste? ¿No estaban mis dominios resguardados por fieras?

Te esperaba. Sabía que algún día la amenaza del derrumbe no se proyectaría desde afuera sino que se cristalizaría desde adentro. Embriagada en las ubres de los privilegios sólo reconocía hasta tu arribo mi pasión por la muerte, la ira de someter al pueblo a mis caprichos sin sentir ningún placer.

Llegaste a malograr mi seguridad en mis resguardos con tu propia demencia y tu insolente forma de atisbar mi vida. No fue una invasión: Fue una entrega. Puse a tu disposición todas mis fuerzas y mi capacidad de dominio, llené los salones con tu presencia.

Te conferí el poder de seducirme en cualquier instante. Torné cada uno de tus gestos en la brújula de mi voluntad. Mi sed de conquista se limitó a allanar tus instintos, a sentir tu ferocidad con una pasión desvertebrada. ¡Con cuánto oficio de esclava y cuánta humildad fundé mi capitulación a tus anhelos!

8. EL ÚLTIMO INSTANTE

¿Te tienta resguardar en la llama de la pasión
el fuego de tu inquietud?
¿Acaso es tu duelo peor al mío,
más desalmados sus destrozos?
Tu defender una omnipotencia prestada
habla a favor del valor de sostener causas ciegas
para resguardar los cimientos en ruinas
de tus desvencijados bastiones.

Regálame un último gesto si es sincero:
Hagamos el amor antes de que entren
y desgarren mi cuerpo
las bestias que soltaste para cazarme.

ÍNDICE

Esta edición de

"A-DIOSES",

de Sonia Solarte Orejuela

se terminó de imprimir

en enero del año 2026

 Ondina Ediciones